ちくわファンクラブ

藤井 恵

誠文堂新光社

ちくわが大好きなんです。

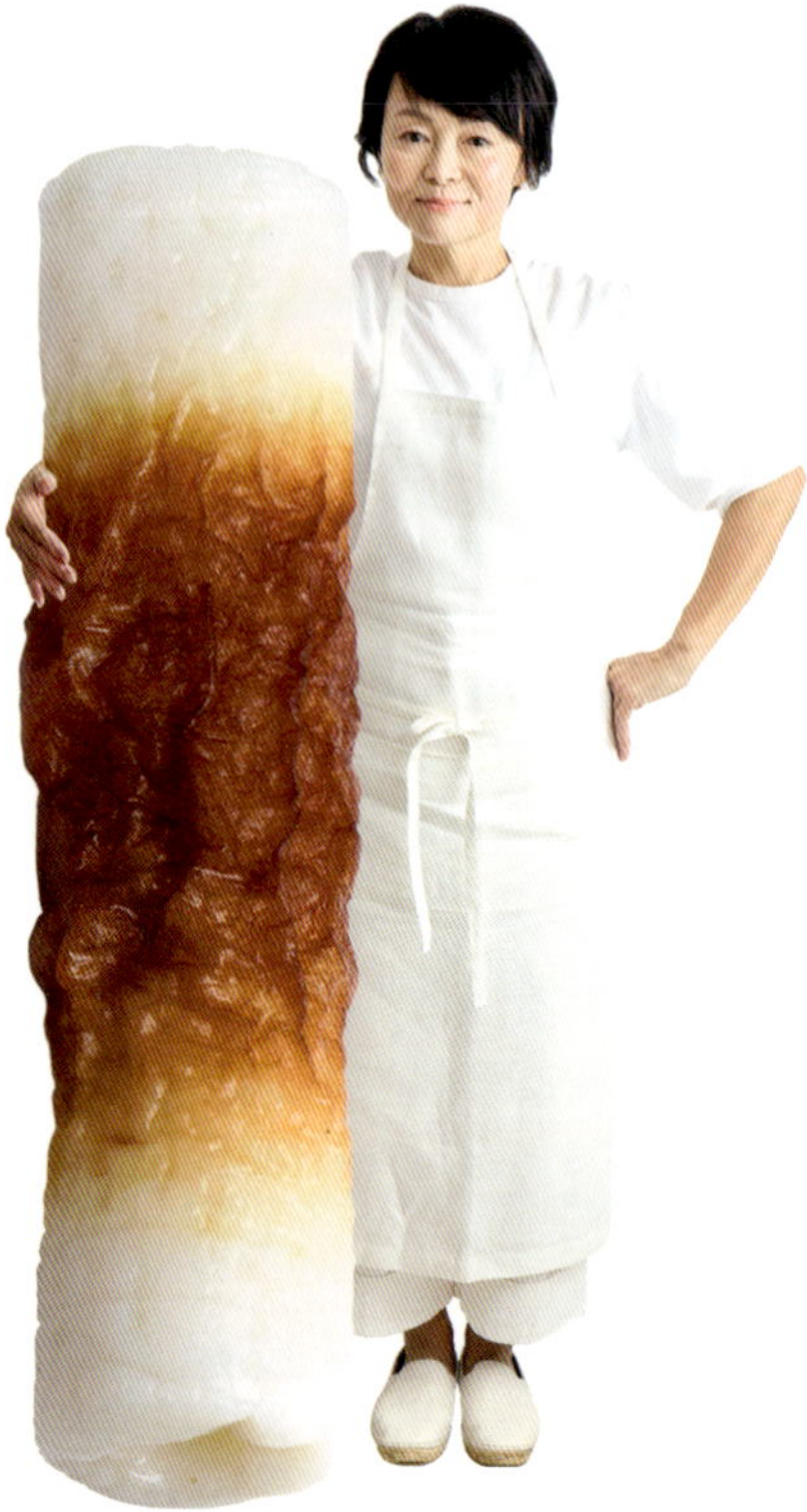

はじめに

〜ちくわ愛について〜

ちくわが大好きなんです。
父が宮城県出身なので、子供のころは笹かまばかり。ちくわに憧れていました（笑）。
そのままでもおいしくて、手軽に食べられるし、
独特な食感もいい。形も愛らしいですよね。
食感は、穴があるからこそ。
穴には何もないけれど、穴を味わいたい！と思います。

魚のすりみが原料なので、**たんぱく質源としても優秀。**
水分が抜けて加熱されている分、うまみも風味も凝縮された感じになりますし、
塩けもあって、**下味要らずの素材として使える**のです。
生の魚よりも、少し日持ちするから冷蔵庫にストックしておけて、
1品足りないという時にも活躍します。
加熱済みの食品だから、調理の際に、生焼けの心配をしなくていいのもうれしい。
お弁当おかずにも欠かせませんよね。毎日の献立作りの強力な助っ人です。

なにより、今回お伝えしたいのは、**ちくわのさらなる可能性**です。
「ちくわでもいいか」ではなく、「ちくわでなくては！」と思えるおいしいレシピ、
毎日ちくわでも飽きないレシピをたくさんご紹介します。

ちくわには**2つのタイプ**があること、ご存じですか？

生ちくわ

上下は白く、中央にこんがりと焼き色がついているタイプ。ほどよい弾力とやわらかさがあり、皮の香ばしさを楽しみつつ、そのままでもおいしく食べられるような原材料の配合がされています。生といっても、加熱されている加工食品なので、生ものという意味ではありません。

皮が香ばしいのは

中央部分を中心にじっくり時間をかけて焼きつけるから。張りのある皮ができ、真ん中は香ばしく焼き上がる。

**この弾力が大好きです！
あえ物にも
よく合います。**

火を入れるとしっかりした
食感になるので、揚げ物、
焼き物にも向いています！

これがぼたん模様！

焼きちくわ

生ちくわより太くて長く、丸い焼き目が全体にまだらについているタイプ。この焼き目が、ぼたんの花に似ているところから、ぼたん模様と呼ばれます。皮の模様の部分がやや薄くなっていて、おでんなどの煮物の際は、ここから煮汁がよくしみ込みます。もちろん、煮物以外の料理にも使えます。

模様がプクッとしているのは

生地のところどころに油を塗って焼くため、油の部分が高温になってふくらみ、茶色く薄い皮になる。

目次

4章 ちくわだしで1品

5章 揚げると上がる、ちくわポテンシャル

6章 ちくわでおなかいっぱい

ちくわコラム

この本について

・この本のレシピでは、生ちくわと焼きちくわを使用しています。ページの中に、使うちくわの種類を写真マークで入れているのでご参照ください。

・ちくわは、ものによって多少味わいや塩けが違います。レシピでは最小限の調味料で調理をしていますが、味を見て加減をしてください。

・1カップは200mℓ、大さじ1は15mℓ、小さじ1は5mℓ、1合は180mℓです。

・電子レンジの加熱時間は600Wを目安としています。機種によって多少差が出ることもあるので、加減してください。

・フライパンはフッ素樹脂加工のものを使っています。

・油は、サラダ油、キャノーラ油、米油などの香りやくせのない植物性油のことをさします。

・塩は精製されていないもの、砂糖はきび砂糖を使っています。

・レシピでは、野菜を洗う、皮をむく、種を取るなどの基本的な下ごしらえは済ませてからの手順を紹介しています。

・食材の切り方や下ごしらえなどは、材料表の（　）内に表示しています。

1章

ちくわを丸ごと
楽しみたい

たしぷり

まずはそのまま、がぶりと食べて！
心地よい弾力を感じた後に、
やんわりサクッとかみきれる。
このリズム感がよいのです。
生ちくわのうまみと
ほのかな塩けを味わいつつ、
たれでコクや辛み、
香りでアクセントをつけると
エンドレスで食べられるおいしさに。

ディップちくわ

[材 料] 2人分

生ちくわ … 4本
4種のたれ（右記参照）… 各適量

[作り方]

1 4種のたれをそれぞれ混ぜ合わせ、好みのたれにつけながら食べる。たれをミックスさせてもいい。

4種のたれ

◎わさびマヨだれ

[材 料] 作りやすい分量

おろしわさび … 小さじ1
マヨネーズ … 大さじ3

◎明太レモンバターだれ

[材 料] 作りやすい分量

辛子明太子（薄皮を除く）… 大さじ2
レモン汁 … 大さじ1/2
バター（室温に戻す）… 10g

◎酢ラー油だれ

[材 料] 作りやすい分量

酢 … 大さじ1
ラー油 … 大さじ1/2

◎ごま油黒こしょうだれ

[材 料] 作りやすい分量

ごま油 … 大さじ1
粗挽き黒こしょう … 小さじ1/3

ぷっくり

直火焼き生ちくわ

生ちくわを焼くと、表面がパリッとして、
食感が変わります。
香ばしさを出したいので、
焼き網で焼くのがベスト。
様子を見ながらまんべんなく焼き、
ぷくっとふくらんだら焼き上がり。
ほどよい焼き加減を見逃さず、
アツアツのうちにどうぞ。

［材料］ 2人分

生ちくわ … 4本
青のり … 適量
紅しょうが（みじん切り）… 適量
細ねぎ（小口切り）… 適量
すり白ごま … 適量

［作り方］

1 焼き網を熱し、ちくわをのせて、全体に薄い焼き色がつくまで転がしながら焼く。焼き目がつき、ふっくらとしたら焼き上がり。
※網焼きするのがおすすめだが、グリルやオーブントースターで焼いてもよい。

2 器に盛り、青のり、紅しょうが、細ねぎ、すりごまをそれぞれかけて食べる。

じゅわ〜

生ちくわの
バターしょうゆ焼き

バターしょうゆは最強！
間違いのないおいしさです。
フライパンのバターが
溶けきらないうちにちくわを投入して、
全体にコクと香りをまとわせましょう。
焼き色がついたら
しょうゆをジュッとかけて、
カレー粉で仕上げ。
ちょいスパイシーで
後をひく味になります。

［材料］ 2人分

生ちくわ … 4本
バター … 20g
しょうゆ … 小さじ1
カレー粉 … 小さじ1/3

［作り方］

1 フライパンにバターを入れて中火にかけ、バターが溶けてきたらちくわを加える。転がしながら全体に薄く焼き色がつくまで焼く。

2 しょうゆを加えてサッとからめ、カレー粉をふってまぶす。

生ちくわの
ガーリックチップス

にんにくの量にびっくりするかもしれませんが、
サクサク感と香ばしさが、ちくわの弾力と甘みに合うのです！
炒めると強いにおいはなくなるので、たっぷりかけましょう。

［材料］ 2人分

生ちくわ … 4本
にんにく（みじん切り）… 3かけ
オリーブ油 … 大さじ2
ドライパセリ … 適量

［作り方］

1 フライパンにオリーブ油とにんにくを入れて弱火にかける。薄く色づいてきたらにんにくを取り出し、ちくわを入れる。

2 転がしながら、全体がこんがりとするまで焼く。器に盛ってにんにくをかけ、ドライパセリをふる。

生ちくわのソースおかか焼き

ソースはできるだけお好み焼きソースを使ってください。甘みのあるこってりしたソースが、細ねぎや削り節を抱きかかえよりご飯に合う味わいになります。

［材料］ 2人分

生ちくわ … 4本
油 … 大さじ1/2
お好み焼きソース
　… 大さじ1
削り節 … 1袋（3g）
細ねぎ（小口切り）… 2本

［作り方］

1 フライパンに油を中火で熱し、ちくわを入れて全体がこんがりと色づくまで焼く。

2 器に盛ってソースをかけ、削り節、細ねぎを散らす。ご飯にのせて食べてもおいしい。

だしになって～
だしを吸って～

丸ごとちくわおでん

おでんといえば、焼きちくわです。
だしがよく出るうえに、
昆布のうまみとあいまった煮汁を
たっぷり吸うから、煮る前よりも
おいしくなるというマジック！
煮汁には味をつけずに
ちくわのうまみだけで煮ます。
時々みそだれをつけると、
味にアクセントがつきます。

[材料] 2人分

焼きちくわ … 2本

A 結び昆布 … 4個
　水 … 3カップ
　酒 … 大さじ2

こんにゃく（食べやすく切る） … 150g

ゆで卵*（殻をむく） … 2個

＊卵を水から、ふたをして10分ゆでて水にとる。

[作り方]

1 鍋に**A**を入れて10分おく。こんにゃくは熱湯で2分ほどゆでてざるに上げる。

2 鍋を中火にかけ、煮立ったらちくわ、こんにゃく、ゆで卵を加える。再び煮立ったら弱火にして10分ほど煮る。しょうがみそ（下記参照）をつけながら食べる。

◎しょうがみそ

[材料] 作りやすい分量

みそ・水 … 各大さじ2

みりん … 大さじ1

しょうが（すりおろし） … 大さじ1/2

[作り方]

1 小さめの鍋に全ての材料を入れて混ぜ合わせ、中火にかける。混ぜながら、ひと煮立ちしたら火を止める。

ちくわに穴がある理由

ちくわは練り製品の原点

ちくわの歴史はとても古いのです。平安時代の記録に「蒲鉾（かまぼこ）」の名前が絵とともに登場し、魚のすりみを竹の棒に巻き付けて焼いたものが描かれています。それがちくわの原形。棒から外すと中央に穴ができたというわけです。植物のガマの穂に似ているところから「かまぼこ」と呼ばれていました。やがて、すりみを板にのせて加熱する「板かまぼこ」が生まれたので、元の形の、穴付きのものを「ちくわ」と呼ぶようになったと言われています。

ちくわ・かまぼこは保存食だった

ちくわを始めとした練り製品は、魚のすりみに塩を混ぜ、加熱して作られます。これは、生のままではすぐに傷んでしまう魚を、少しでも長く保存するための工夫でした。冷蔵庫のなかった時代、練り製品は日持ちがして持ち運びやすい食品だったのです。日本は海に囲まれた国。海沿いのたくさんの地域でいろいろなちくわが作られてきました。

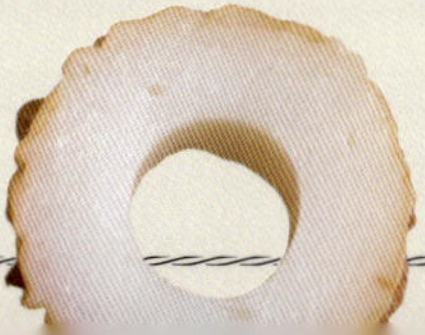

2章

穴があるから詰めたくなる

姫きゅうり詰め
土佐酢添え

生ちくわにきゅうりを詰める。
基本中の基本といえる食べ方ですが、
ここで大事なのは「姫きゅうり」と「土佐酢」です。
小さなきゅうりを丸ごと詰めて切ると、
ちくわの穴の中に、
きゅうりの皮の円もでき、
見た目も食感もよくなるのです。
だし入りの土佐酢を添えると、
上品な味わいの一品に。

［材料］ 2人分

生ちくわ … 2本
姫きゅうり … 2本
土佐酢
- 酢・だし汁 … 各大さじ1
- 砂糖 … 小さじ1
- 塩・しょうゆ … 各小さじ1/3

［作り方］

1 ちくわの穴に、姫きゅうりを詰め、食べやすく切る。土佐酢の材料を混ぜて添え、つけて食べる。

アスパラ詰め
山椒マヨとともに

[材料] 2〜3人分

生ちくわ … 3本
グリーンアスパラガス … 3本
塩 … 少々
山椒マヨ
マヨネーズ … 大さじ1
粉山椒 … 小さじ1/5

[作り方]

1 アスパラガスは根元のかたい皮を5cmほどむき、塩を入れた湯でゆでる。ざるに上げ、粗熱をとる。

2 ちくわの穴にアスパラガスを詰め、マヨネーズに粉山椒をふって添え、つけて食べる。

アスパラガスがはみ出したっていいんです。長いまま穴に詰め、切らずにがぶりと食べましょう。穂先は甘くやわらかく、根元寄りは歯応えよくと、食感の違いも楽しんでください。添えるマヨネーズにほんの少し粉山椒をプラスすると、より香りがたちます。

野菜詰めちくわ

貝割れ大根

長いまま、まとめて
生ちくわに詰める。

パプリカ

生のまま細切りにし、まとめ
てギュッと生ちくわに詰める。

細ねぎ

適当な長さに切り、
生ちくわに詰める。

ちくわは、あらゆる野菜を受け止めます。
みょうが、豆苗、セロリ、大根、白菜、キャベツもいいですね。
香味野菜系は特におすすめ。ゆでたささやいんげん、じゃがいももお試しを！

ゆでにんじん

1cm角の棒状に切ってゆでて、生ちくわに詰める。

長いも

1cm角の棒状に切って、生ちくわに詰める。

塩ゆでオクラ

塩ゆでして、生ちくわに詰める。

※ちくわに詰めた後、食べやすい大きさに切る。詰め方のコツはP.30を参照。

アイラブ♡
チーズ

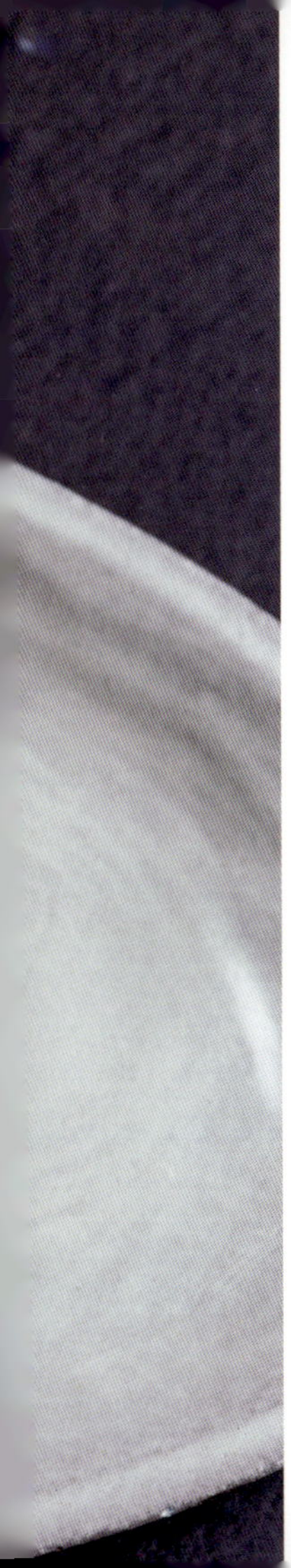

いろいろチーズ詰めちくわ

チーズのコクとクリーミーさは、ちくわと相性抜群。
アクセントになるものをプラスすれば、バリエーションは無限大です。
ペースト状の物を詰める際は、ポリ袋に入れて絞り出す方式で！

チャンジャクリームチーズ

チャンジャ（細かく刻む）・クリームチーズ各大さじ2を混ぜ合わせ、生ちくわ2本に詰める。

明太クリームチーズ

辛子明太子（ほぐす）・クリームチーズ各大さじ2、にんにく（すりおろし）少々を混ぜ合わせ、生ちくわ2本に詰める。

スモークチーズ

ミニウインナーの形のスモークチーズ6個を、生ちくわ2本に3個ずつ詰める。

クリームチーズごま

クリームチーズ大さじ2、削り節・いり白ごま各大さじ1、しょうゆ小さじ1/2を混ぜ合わせ、生ちくわ2本に詰める。

青じそチーズ

スライスチーズ1枚を電子レンジ（600W）で10秒加熱し、青じそ2枚をのせて半分に切る。くるくると巻き、ラップで包む。冷凍庫で10分冷やしてからラップを外し、生ちくわ2本に詰める。

※材料は全て、作りやすい分量。ちくわに詰めた後、食べやすい大きさに切る。詰め方のコツはP.30を参照。

漬け物詰めちくわ

漬け物の酸味や風味が、
ちくわのまろやかなうまみでいい感じに包まれます。
そして、詰めると食べやすくなるところもポイント。
お弁当のすき間にもうひと味入れたい時にはぴったりです。

たくあん

たくあん（ちくわの長さに合わせて1㎝角の棒状に切る）2本を、生ちくわ2本に詰める。

紅しょうが

紅しょうが（細切り）大さじ2を、生ちくわ2本に詰める。

ピクルス

きゅうりのピクルス（小）4本を、生ちくわ2本に詰める。

わさび漬け

わさび漬け大さじ2を、生ちくわ2本に詰める。

柴漬け

柴漬け大さじ2を、生ちくわ2本に詰める。

野沢菜漬け

野沢菜漬け3本を、生ちくわ2本に詰める。

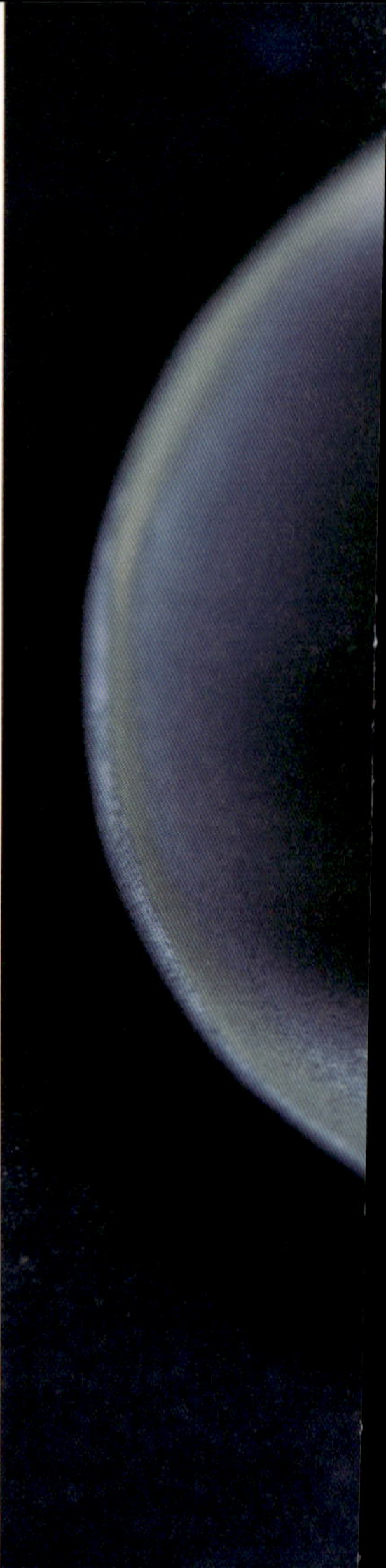

※材料は全て、作りやすい分量。ちくわに詰めた後、食べやすい大きさに切る。詰め方のコツはP.30を参照。

シャキシャキで
しびれるおいしさ

ちくわの穴詰めテクニック

難しく考えず、とにかくギューッと詰めればなんとかなるのですが、
ちょっとしたテクニックを覚えると、いろいろな物が
詰められるようになります。ちくわの穴詰めが楽しくなりますよ！

ちくわを扱いやすい長さに切ってから詰める

細いものを束ねて詰める時は、ちくわの長さを半分に切ってねじ込みましょう。細ねぎの場合は、小さく切ったちくわをはめていく方式がおすすめです。

スライスチーズでも、丸めて冷やし固めれば詰められる

スライスチーズの場合は、一度電子レンジでやわらかくして、棒状に丸めるのがおすすめ。それを冷凍庫で冷やせば、かたまって穴に詰めやすくなります。

ペースト状の物は、ポリ袋から絞り入れて！

クリームチーズやわさび漬けのようなペースト状の物は、ポリ袋に入れて。片側の袋の角を少し切り、そこから穴に絞り入れるとスムーズです。

3章

ちくわを切ったら
こうなった

ちくわは、切り方によって味わいが変わります

できる限り
薄く! 薄く!

おなじみの切り方でも、
幅や大きさを意識して切ると、
新しい味わいに出会えます。
特におすすめしたいのが
〝ごく薄《うす》輪切り〟。
ちくわをしっかり押さえつけ、
そぐようにして薄く切ると、
ふわふわでひらひらの輪切りになります。
口当たりが繊細で、
うまみと風味も感じられますよ。

覚えて欲しい!
ふわっふわ!
ごく薄輪切り

輪切り

ちくわの穴を生かした弾力が楽しめる形。1cm幅か1.5cm幅か、わずかな幅の違いでも食感が変わります。

斜め切り

断面が広いので、味がなじみやすく他の具にもからみやすい形です。あえ物や炒め物にはぴったり。

細かく切り

色紙切りのようなイメージで、縦4つ割りにしてから、8mm～1.5cm幅に切ります。具の中にしっかり混ぜ込みたい時に。

乱切り

しっかりしたかみ応えを出したい時は乱切りに。ランダムな食感が、時に肉っぽさを感じさせてくれます。

穴を生かして
ゴロンと切る

薄細長切り

穴は見せずに
味を引き出す

縦に4～6等分に切り、それをさらに薄切りに。他の具とからみやすく、斜め切りとはまた違った食感。

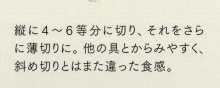

ひらひらと薄いちくわが、
きゅうりやわかめとよくなじみ、
繊細で上品な味わいになります。
きゅうりもできるだけ薄く切りましょう。
始めに、ちくわを水に5分ほど浸しておくと、
ちくわのうまみが引き出せ、
合わせ酢が深みのある味になります。

ごく薄ちくわの酢の物

[材料] 2人分

生ちくわ（ごく薄輪切り）… 2本

きゅうり（薄い輪切り）… 1本

塩 … 小さじ1/5

カットわかめ（水で戻す）… 3g

A 酢 … 大さじ2

砂糖・水 … 各大さじ1

しょうゆ・いり金ごま … 各小さじ1/2

[作り方]

1 きゅうりはボウルに入れて塩をまぶし、しんなりしたら水けを絞る。わかめも水けを絞る。

2 別のボウルに**A**とちくわを入れ、5分ほどおく。**1**を加えて混ぜ合わせる。

ごく薄ちくわのセロリレモンあえ

あぁセロリってすごい、
セロリってこんなにおいしかったっけ？
と思わせるのが、ごく薄ちくわのチカラなのです。
レモンの風味が爽やかで新鮮な味わい。

［材料］ 2人分

生ちくわ（ごく薄輪切り）… 2本
セロリ（斜め薄切り）… 1本
塩 … 小さじ1/5
レモン汁 … 大さじ2

［作り方］

1 セロリに塩をまぶし、しんなりしたら水けを絞る。

2 ボウルにちくわ、セロリを入れ、レモン汁を加えてあえる。

ごく薄ちくわの ザーサイあえ

ひらひらちくわと、
細切りザーサイのシャキシャキ感。
この食感のコントラストも大事なのです。

[材料] 2人分

生ちくわ（ごく薄輪切り）… 2本
ザーサイ（味付き / 細切り）… 30g
ごま油 … 小さじ2

[作り方]

1 ボウルに全ての材料を入れて混ぜ合わせる。

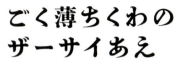

ちくわの
梅ごまわさびあえ

輪切りちくわをもぐもぐ食べると、
鼻にわさびの香りが抜けていく〜。
たっぷりのすりごまで、
梅肉の酸っぱさだけでなくコクも加わります。

［材料］ 2人分

生ちくわ（1㎝幅の輪切り）… 2本

A 梅干し（種を取ってたたく）

… 大さじ1/2

すり白ごま・水 … 各大さじ1

おろしわさび … 小さじ1/2

［作り方］

1 ボウルに**A**を入れて混ぜ合わせ、ちくわを加えてあえる。

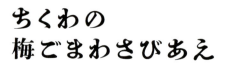

ちくわのナムル

ナムルには、斜めのごく薄が似合うのです。輪切りよりもちょっと面積が広くてごま油がよくなじむし、ぺらりんとした食感がいい感じ。にんにくも必ず入れて！

［材料］ 2人分

生ちくわ（ごく薄斜め切り）… 2本

A ごま油 … 小さじ2

　にんにく（すりおろし）… 小さじ1/3

韓国産粉唐辛子（あれば）… 少々

［作り方］

1 ボウルに**A**を入れて混ぜ合わせ、ちくわを加えてあえる。器に盛り、粉唐辛子をふる。

[材料] 2人分

生ちくわ（縦4つ割りにし、7〜8㎜幅に切る）… 2本
にんじん（7㎜角に切る）… 1/4本
さやいんげん（7㎜幅に切る）… 5本
木綿豆腐 … 100g
塩 … 少々
A 練り白ごま … 大さじ1
　砂糖 … 小さじ1
　しょうゆ … 小さじ1/3
　塩 … 少々

[作り方]

1 豆腐はペーパータオルに包み、皿数枚をのせて10分ほどおき、水きりする。にんじん、さやいんげんは、塩を入れた湯でやわらかくなるまでゆでてざるに上げる。

2 ボウル（またはすり鉢）に豆腐を入れ、ゴムべら（またはすりこ木）でなめらかになるまですりつぶし、**A**を加える。

3 にんじん、さやいんげん、ちくわを加えて混ぜ合わせる。

ちくわの白あえ

白和えって、うっかりすると
少しぼやけた味になってしまいがちですが、
ちくわを入れるとうまく味が決まります。
にんじんもいんげんも、
ちくわと同じようにコロコロ切りに。
口に入った時の食感と味の違いを楽しみます。

ちくわの
マスタードマヨあえ

[材 料] 2人分

生ちくわ（1.5cm幅の輪切り）… 2本

A マヨネーズ … 大さじ2
　イエローマスタード
　　… 大さじ1/2

[作り方]

1 ボウルに**A**を混ぜ合わせ、ちくわを加えてあえる。

あえて他の具は入れず、ちくわだけに集中するのがおいしいのです。ホットドッグなどに使うあのイエローマスタードのツンとした香りが、ちくわに合います。

ちくわ in ポテサラ

［材料］ 2人分

生ちくわ（縦4つ割りにし、1.5cm幅に切る）… 2本
じゃがいも（1.5cm角に切る）… 1個（130g）
A 白ワインビネガー（または酢）… 大さじ1と1/2
　玉ねぎ（すりおろし）… 大さじ1/2
オリーブ油 … 大さじ1と1/2
パセリ（みじん切り）… 2枝
塩・こしょう … 各少々

［作り方］

1 じゃがいもは水でサッと洗って鍋に入れ、水、塩を加えて火にかけ、やわらかくなるまでゆでてざるにあげる。ボウルに**A**とちくわを入れて混ぜ、5分ほどおく。

2 ボウルにじゃがいもを加えて混ぜ、オリーブ油、パセリ、こしょうの順に加えて混ぜ合わせる。

マヨネーズではなく、おろし玉ねぎとワインビネガー、オリーブ油であえる、大人味のポテトサラダです。ちくわとじゃがいもを同じ形に切るのもポイント。

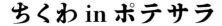

卵焼き器の底にごく薄ちくわを並べて
生地を流し、厚くふっくら焼きます。
生地も具も生で食べられるものばかりなので、
表面がカリッと焼ければOK。
中は少しやわらかいくらいでもおいしいですよ。

お好みっぽいちく焼き

[材料] 2人分

焼きちくわ（ごく薄輪切り）… 1本
長いも（皮ごとすりおろす）… 10cm
キャベツ（1cm四方に切る）… 2枚
卵 … 2個
油 … 大さじ1
好みのソース・青のり・紅しょうが
　… 各適量

[作り方]

1 ボウルに卵を割りほぐし、長いもを加えて混ぜる。キャベツを加え、ちくわの半量を加えて混ぜる。

2 卵焼き器に油を中火で熱し、残りのちくわの1/2量を広げる。**1**を流し入れ、残りのちくわを散らし、アルミ箔をかぶせて中火で3～4分焼く。上下を返して3～4分焼く。

3 食べやすく切って器に盛り、ソースをかけて青のりをふる。紅しょうがを添える。

長いも生地で
ふんわり～

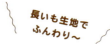

カリカリ

ちくわのカリカリガレット

ちくわにチーズを詰め、さらに粉チーズをふって焼くと、羽根つきガレットができるのです。

夢があるでしょう！　こんがり焼けたちくわのブロックを1個ずつ外しながら食べる楽しさといったら！

おやつにもおつまみにもぴったりです。

［材料］ 2人分

生ちくわ … 4本
スティックチーズ … 4本
小麦粉・水 … 各大さじ1と1/2
粉チーズ … 大さじ3
オリーブ油 … 大さじ1/2
粗挽き黒こしょう … 少々

［作り方］

1 ちくわの穴に、スティックチーズを詰め、6等分の輪切りにする。ボウルに入れて小麦粉をまぶし、水を加えてざっと混ぜ、ペタッとするくらいまでからませる。

2 直径20㎝のフライパンにオリーブ油を広げ、**1**の切り口を下にして、くっつけるように並べる（写真①）。上から全体に粉チーズをふり、中火にかける（写真②）。

3 3～4分焼いて下がこんがりしたらフライ返しでひっくり返し、さらに2～3分焼く。器に盛り、黒こしょうをふる。

フレンチちくわ

このメニューは、信じて、作って食べてみてもらうしかありません！
びっくりするほどフレンチトースト。ちくわなのに。
硬めのバゲットを卵に浸して焼いたかのようなどっしりタイプ。
遠くにちくわの塩けを感じつつ、ハニーマヨネーズで食べる至福をぜひ。

［材料］ 2人分

焼きちくわ（2㎝幅の斜め切り）… 1本
卵 … 1個
水・牛乳 … 各大さじ2
A 小麦粉 … 大さじ6
　ベーキングパウダー … 小さじ1/2
　塩 … 少々
バター … 20g
はちみつ* … 大さじ1/2
マヨネーズ … 大さじ2

*はちみつを使うソースは、1歳未満の乳児には与えないでください。

［作り方］

1 ちくわは耐熱ボウルに入れ、分量の水をかけてラップをし、電子レンジ（600W）で1分加熱する。

2 別のボウルに**A**を入れて混ぜ合わせ、中央をくぼませて卵、牛乳を加えてしっかり混ぜ合わせ、衣を作る。**1**を汁ごと加えてからめる。

3 フライパンにバターを中火で溶かし、**2**のちくわを、衣をからめながら入れる。両面がこんがりするまで焼き、器に盛る。はちみつとマヨネーズを混ぜてかける。

こっくり
甘〜い！

おどろき！
こんな味に
なるなんて〜

たこ要らずの
明石焼き的ちくわ焼き

［材料］ 2人分

生ちくわ（1㎝幅の輪切り）… 2本
卵 … 3個
A 小麦粉・片栗粉 … 各大さじ2
　塩 … 少々
水 … 1と1/2カップ
油 … 適量
B だし汁 … 1カップ
　しょうゆ … 小さじ1/5
　塩 … 小さじ1/2
細ねぎ（小口切り）… 1本

［作り方］

1 ボウルに**A**を入れて、分量の水を少しずつ加えてなめらかになるまで混ぜ、卵を加えてしっかり混ぜ合わせる。

2 たこ焼き器に油をひき、**1**を流し入れる。ちくわを1切れずつ入れて焼き、下がかたまったらひっくり返して全体をこんがりと焼く。

3 鍋に**B**を温めて器に入れ、細ねぎを入れる。**2**を焼けたものから浸して食べる。

生ちくわの程よい弾力は、
たこっぽい食感を連想させます。
しかも魚介のうまみと塩けもあるから、
味の面でもたこと同格。
気軽にリーズナブルに、
ちくわ焼きパーティをしましょう!

練り製品はおもしろい！

ちくわがプリプリしているのはなぜ？

ちくわを始めとした練り製品には、特有の弾力がありますよね。あれは、魚のすりみに塩を加え、すり混ぜることで生まれるもの。塩によってたんぱく質（筋原線維たんぱく質）が溶けて複雑にからみ合い、それが加熱されると、からみ合ったものが網目構造になってほぐれなくなり、弾力となるのです。練り製品の塩分は、必要なものなのですね。

練り製品にはどんな魚が使われる？

最も多く使われているのはスケトウダラですが、アジ、タイ、イワシ、ハモ、グチ、サメなど多様な魚種が原料となります。魚種によって弾力や味わいは変わってくるので、同じメーカーのものでも、商品によって魚種や配合を変えるなどの工夫をしているのだとか。いろいろなちくわを食べ比べて、味の違いを感じてみるのも楽しいですね。

加熱方法によって、全く違う味わいに！

配合は少しずつ違っても、練り製品は全て魚のすりみを原料としています。それを焼く、蒸す、揚げる、ゆでると、加熱方法を変えることで、食感や味わいの全く違うものになるのです。

焼いたら ちくわ

棒にすりみをつけて、表面をこんがり焼いたもの。大きく分けて、生ちくわと焼きちくわがあります。

蒸したら かまぼこ

蒸気を当てて、蒸して作られたもの。表面を焼いていないものが、一般的に蒸しかまぼこと呼ばれています。

揚げたら さつま揚げ

すりみをいろいろな形状にして揚げたもの。関東では「さつま揚げ」、関西では「てんぷら」、鹿児島では「つけ揚げ」と、地域によって呼び名は異なります。

ゆでたら はんぺん

すりみに山いもなどを加え、熱湯でゆでたもので、空気を含んでいるので、ふんわりした食感に。

卵生地が
香ばしい〜

ちくわのジョン

串に刺したちくわと野菜に粉と卵をからめ、
フライパンでじっくり焼きます。
見た目もきれいで、おもてなしにもぴったり。
衣の卵が香ばしく焼けたら、
酢じょうゆをつけて召し上がれ。

［ 材 料 ］ 2人分／6串分

焼きちくわ（縦4つ割りにし、長さを3等分に切る）… 1本
赤パプリカ（ちくわと同じ幅に切る）… 1/2個
生しいたけ（ちくわと同じ幅に切る）… 2個
さやいんげん（ちくわと同じ長さに切る）… 2本
小麦粉 … 適量
卵（溶きほぐす）… 1個
油 … 大さじ1/2
酢・しょうゆ … 各適量

［ 作り方 ］

1 爪楊枝や竹串にちくわ、パプリカ、しいたけ、いんげん、ちくわの順に刺す。残りも同様に刺して、6本作り、小麦粉を薄くまぶす。

2 フライパンに油を中火で熱し、**1**に溶き卵をからめて並べる。弱火にして5分動かさずに焼き、上下を返してさらに5分焼く。酢、しょうゆを混ぜて添える。

ちくわのかば焼き

生ちくわを縦半分に切って、長いまま焼きつけましょう。
内側に切り込みを入れておくと、
焼いた時にちくわが開いて味がなじみ、
食べた時のやわらかさもいい感じになります。
焦げ気味かなというくらい焼くのがポイントです。
お弁当おかずとしても最強。粉山椒もお忘れなく！

[材料] 2人分

生ちくわ（縦半分に切り、
内側に5㎜幅で斜めに切り込みを入れる）
…3本

A 水 … 大さじ3
しょうゆ・酒 … 各小さじ2
砂糖・みりん … 各小さじ1
片栗粉 … 小さじ1/3

油 … 大さじ1/2
粉山椒 … 少々

[作り方]

1 フライパンに油を中火で熱し、ちくわの切り口を下にして並べる。こんがり焼き色がついたら上下を返して軽く焼く。

2 **A**を混ぜて加え、とろりとするまで煮からめる。器に盛り、粉山椒をふる。

ご飯に
のせて！

ビールに合う！
七味マヨをつければ
さらにうまし！

さきいかっぽいちくわ

電子レンジにかけて水分を飛ばすと、ちくわが少ししまって、さきいかっぽくなります。生とは違う、生ちくわのおいしさを味わってください。まずはそのまま、ちょいちょいマヨ七味をつけながらどうぞ。コチュジャンとからめると、韓国風のおつまみにもなりますよ。

[材 料] 2人分

生ちくわ（縦半分、さらに縦に5㎜幅に切る）… 2本
マヨネーズ・七味唐辛子 … 各適量

[作り方]

1 耐熱皿にちくわを重ならないように広げ、ラップをかけずに電子レンジ（600W）で4分加熱する。

2 器に盛り、マヨネーズと七味唐辛子を添えてつけながら食べる。

焼きちくわとにんじんのしりしり

[材料] 2人分

焼きちくわ（縦半分に切り、さらに5㎜幅の斜め切り）… 1本
にんじん（スライサーで細切り）… 1本
卵（溶きほぐす）… 1個
油 … 大さじ1/2
塩 … 少々

[作り方]

1 フライパンに油を中火で熱し、ちくわ、にんじんをじっくり炒める。

2 にんじんがしんなりしたら塩をふり、溶き卵を回し入れる。卵に火が通るまで全体を混ぜる。

焼きちくわのうまみと塩けも
調味料がわりになります。
にんじんと炒め合わせる際に、
じっくりと炒め合わせて、互いの味をなじませましょう。
にんじんの甘みも出ていい感じになります。
卵の火の入れ加減はお好みで。

生ちくわとわかめの炒め物

わかめに油をなじませるように炒めると、わかめの塩けと風味が全体に回って味が決まります。ねぎをごま油で香りよく炒めるのも大事。味に奥行きが出ます。

[材 料] 2人分

生ちくわ（ごく薄斜め切り）… 2本
カットわかめ（水で戻す）… 10g
ねぎ（粗みじん切り）… 1/2本
ごま油 … 大さじ1/2
こしょう … 少々

[作り方]

1 わかめの水けを絞る。フライパンにごま油を中火で熱し、ねぎを炒める。香りが立ったらちくわ、わかめを加えて炒め合わせ、こしょうをふる。

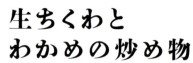

焼きちくわとブロッコリーのバターしょうゆ

ブロッコリーには、焼きちくわの力強さと食感が合います。ブロッコリーの茎もおいしいので、切り分けず、小房と一緒に細長く切って焼きましょう。

［材料］ 2人分

焼きちくわ（縦4〜6等分に切り、さらに長さを2〜3等分に切る）… 1本
ブロッコリー …（小）1個
オリーブ油 … 大さじ1/2
バター … 10g
しょうゆ … 小さじ1

［作り方］

1 ブロッコリーは、茎のかたい皮をむく。茎は切り落とさず、長い小房に切り分ける（茎もつけたまま長めに切る）。

2 フライパンにオリーブ油を中火で熱し、ブロッコリーを入れる。上にちくわをのせ、ふたをして蒸し焼きにする。

3 ブロッコリーに火が通ったらサッと炒め合わせ、バター、しょうゆを加えてからめる。

カリカリ、
むっちりの食感が
たまらない

酢豚のイメージで作ったレシピですが、
酢豚を超えてしまいました！
焼きちくわのしっかりした食感のおかげで、
まるで肉のような食べ応え。
でも脂っぽくないから、
軽やかに食べられるのです。
焼きちくわをカリッと
焼きつけておくのがポイントです。

酢豚を超える
揚げ焼きちくわの甘酢あん

[材料] 2人分

焼きちくわ（一口大の乱切り）… 2本
玉ねぎ（2㎝四方に切る）… 1/4個（50g）
ピーマン（一口大の乱切り）… 2個
パプリカ（赤/一口大の乱切り）… 1/2個
水 … 大さじ2
小麦粉 … 大さじ3
A 水 … 1/2カップ
　黒酢（または酢）・砂糖 … 各大さじ2
　しょうゆ … 大さじ1/2
　片栗粉 … 小さじ2
油 … 適量

[作り方]

1 ちくわをボウルに入れて分量の水をからめ、小麦粉を加えてしっかり混ぜる。**A**は混ぜ合わせておく。

2 フライパンに油を高さ5㎜くらいまで入れて中火で熱し、**1**を入れる。時々転がしながら、表面がこんがりカリッとするまで揚げ焼きにして取り出す。

3 油の残ったフライパンに玉ねぎ、ピーマン、パプリカを入れて軽く炒める。全体に油がなじんだら、**2**のちくわとともに器に盛る。

4 フライパンの油をあけ、**A**をもう一度混ぜて入れ、中火にかける。混ぜながら煮立たせ、とろみがついたら**3**にかける。

かに玉があるんだから、
ちくわ玉があってもいいじゃない！
魚介のうまみが卵になじみ、
ケチャップあんをかければ、最強のおかずに！
ご飯にのせて食べればさらにおいしい！
卵たっぷりがおすすめです。

ちくわねぎ玉

［材料］ 2人分

生ちくわ（ごく薄輪切り）… 2本
卵 … 4個
ねぎ（粗みじん切り）… 1/3本
冷凍グリーンピース … 大さじ1
水 … 大さじ4
塩 … 少々
A 水 … 1/2カップ
　トマトケチャップ・酢
　　… 各大さじ2
　しょうゆ・砂糖・片粉
　　… 各大さじ1/2
油 … 大さじ2

［作り方］

1 ボウルにちくわと分量の水を加えて数分おく。ねぎ、卵、塩を加え、溶き混ぜる。

2 直径20㎝のフライパンに油を中火で熱し、**1**を流し入れる。大きく混ぜて半熟状になったら、上下を返して少し焼き、フライパンに器をかぶせるようにしてひっくり返し、器に卵を盛る。

3 空いたフライパンに**A**とグリーンピースを入れて中火にかけ、混ぜながら煮立たせ、とろみがついたら卵にかける。

うまみ
とろとろ〜

ちくわと
マッシュルームのグラタン

生ちくわの弾力、やわらかさはマカロニに通じる、
ということでグラタンにしました。
ちくわのほどよい塩けとうまみがホワイトソースにからまると、
シーフードグラタンかも？と思えるおいしさに。
マッシュルームで洋食らしさもアップします。

［材料］ 2人分

生ちくわ（1.5㎝幅の輪切り）… 2本
ねぎ（1.5㎝幅の輪切り）… 1/2本
マッシュルーム（半分に切る）… 8個
バター … 20g
小麦粉 … 大さじ4
水 … 1/2カップ
牛乳 … 1と1/2カップ
ピザ用チーズ … 40g

［作り方］

1 フライパンにバターを入れて中火で溶かし、ねぎを炒める。油が回ったら小麦粉を加えて弱火にし、粉っぽさがなくなるまで炒める。

2 分量の水、牛乳を加えて混ぜ、とろりとするまで時々混ぜながら煮る。

3 ちくわ、マッシュルームを加え、煮立ったら耐熱の器に入れる。ピザ用チーズをのせ、220℃に予熱したオーブンで20分ほど、焼き色がつくまで焼く。

ちくわカレー

焼きちくわが肉代わり、じゃがいも代わりにと大活躍！
乱切りにして入れることで、しっかりしたかみ応えになって、
満足度が増します。おうちカレーは
これくらいの手軽さがちょうどいい。

［材料］ 4人分

焼きちくわ（一口大の乱切り）… 2本
玉ねぎ（2cm四方に切る）… 1/2個（100g）
にんじん（小さめの乱切り）… 1/2本
にんにく・しょうが（ともにすりおろし）
　… 各小さじ1
カレールウ … 80g
水 … 3カップ
温かいご飯 … 適量

［作り方］

1 鍋に分量の水、玉ねぎ、にんじんを入れて火にかける。煮立ったら10分煮る。ちくわ、にんにく、しょうがを加えて弱火にし、5分煮る。

2 いったん火を止めてカレールウを加えて混ぜる。ルウが溶けたら再び弱火にかけ、時々混ぜながら5分煮る。

3 器にご飯を盛り、カレーをかける。

懐かしさを感じる
おいしさ

ちくわ飾り切りカタログ

【手《た》綱《づな》ちくわ】

ちくわを斜め切りにして、片側の端を穴に差し込み、反対側から引っ張る。手綱こんにゃくのちくわ版。

【かた結びちくわ】

棒状に切ったちくわを、くるっと結ぶ。

【ぐるぐるちくわ】

棒状に切ったちくわをぐるぐる丸めて、爪楊枝で刺す。

【知恵の輪ちくわ】

ちくわを輪切りにし、1か所切り込みを入れて、別の輪切りのちくわにひっかける。

お弁当が楽しくなる〜

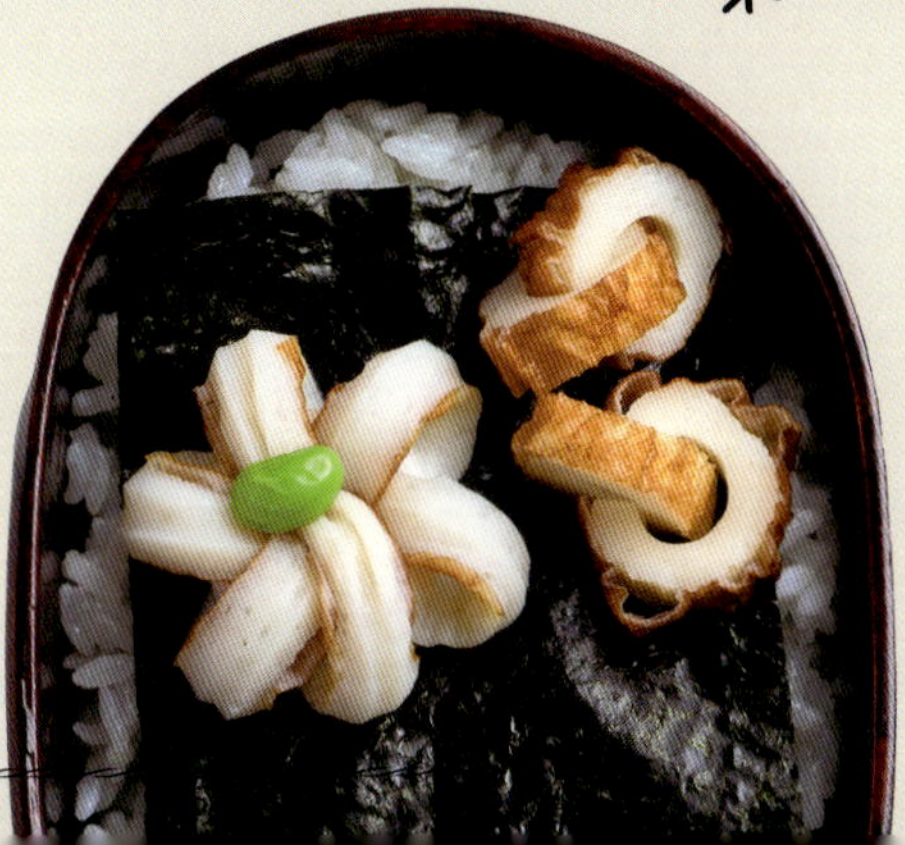

【三つ編みちくわ】

ちくわは縦半分に切り、さらに、上の部分を少し残して縦に2本切り込みを入れる。三つ編みにして、両端をぐるりとひねって爪楊枝で刺す。

【お花ちくわ】

ちくわの上の部分を少し残して縦に6か所切り込みを入れ、くるりと穴に差し込む。枝豆などで花の中心を作る。

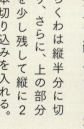

藤井流

ちくわ調理法

ちくわならではの
おいしさを
引き出します！

ちくわのうまみを他の食材になじませる！

ちくわには、魚ならではのうまみがあります。それを利用しないのはもったいない！　あえ物にする時や、下味をつける時など、水分となじませる料理の時は、ちくわを加えて少しおいて、うまみを引き出してから調理をしましょう。

“生”と“焼き”は、食感で使い分け

ちくわをいろいろな料理に使ってみて、「食感」がポイントになると実感しました。焼きちくわは、加熱をするとしっかりしたかみ応えが出てくるので、おでんなどの煮込みはもちろん、どっしりした肉っぽい料理や揚げ物にもよく合います。生ちくわは、軽やかな弾力を楽しみたい時に。口に入れた時の食感を楽しんでください。

調味料は最小限でOK！

ちくわには、ほどよい塩分があるので、今回ご紹介したレシピでは、なるべく塩分を加えずにおいしく仕上がるようにしました。ちくわそのもののうまみと、合わせる食材や油の風味などで、少ない調味料でもおいしく仕上げられます。

4章

ちくわだしで1品

オンリーちくわ！で
こんなに
おいしい

ちくわ茶碗蒸し

ごく薄輪切りのちくわを水に浸して、ちくわのうまみと風味を移します。これぞ〝ちくわだし〟！　薄く切るとだしがよく出るし、食べた時の口当たりもよくなります。器をフライパンに湯とともに直接入れる「地獄蒸し」という方法なので、蒸し器を使う必要もなくて簡単。思い立った時にすぐ作れます。

［材料］ 2人分

生ちくわ（ごく薄輪切り）… 1本
卵 … 2個
A 水 … 1と1/2カップ
　しょうゆ … 小さじ1/4
三つ葉 … 少々

［作り方］

1 ボウルにちくわと**A**を入れ、10分おいて（写真①）、ちくわだけ取り出す。

2 **1**のボウルに卵を割り入れて溶きほぐし、ざるで漉して器に等分に入れる。ちくわも等分に加える。

3 フライパンにペーパータオルを2枚重ねて敷き、**2**をのせる。器の高さの半分まで湯を注ぎ、ふたをして強火にかける（写真②）。煮立ったらふたに竹串1本を挟み、弱火で15分加熱する。仕上げに三つ葉をのせる。

↓

ねぎの甘みも
大事なポイント

トッポッキを想わせる
ちくわのコチュジャン煮

生ちくわのもっちりとした弾力は、
韓国料理のトッポッキに通じるものがあるのでは？というわけで、
コチュジャン味の煮物にしました。
ねぎと玉ねぎ、2種類のねぎが入っていて、
それぞれの甘みで味に深みが増します。
何気ないけどスゴイ技！
お弁当にもぴったりのおかずです。

[材料] 2人分

生ちくわ（長さを半分に切る）… 3本
ごま油 … 小さじ1
ねぎ（1cm幅の斜め切り）… 1/4本
玉ねぎ（1cm幅のくし形切り）… 1/4個（50g）
A 水 … 1/2カップ
　コチュジャン … 小さじ2
　砂糖・しょうゆ … 各小さじ1

[作り方]

1 鍋にごま油を中火で熱し、ねぎ、玉ねぎを炒める。しんなりしたら**A**を加える。

2 煮立ったらちくわを加え、時々混ぜながら、とろりとするまで4～5分ほど煮る。

焼きちくわとひじきの煮物

地味でいい、地味だからいい、それがひじきの煮物。かみ応えのある焼きちくわを加えると、おかずとしての存在感が出てきます。ごま油の香りが食欲をそそります。

[材料] 2～3人分

焼きちくわ（4～5㎜幅の輪切り）… 1本
芽ひじき（水で戻す）… 20g
にんじん（1㎝幅の短冊切り）… 1/3本
きぬさや（斜め細切り）… 10枚
ごま油 … 大さじ1/2
A 水 … 1カップ
酒 … 大さじ1
しょうゆ・みりん … 各小さじ2
砂糖 … 小さじ1

[作り方]

1 ひじきはざるに上げて水けをきる。鍋にごま油を中火で熱し、ひじき、にんじんを入れて炒める。油が全体に回ったら、ちくわ、**A**を加える。

2 時々混ぜながら、煮汁がほとんどなくなるまで煮る。仕上げにきぬさやを加えてひと煮する。

焼きちくわと切り干し大根の煮物

ちくわと煮ると、切り干し大根の甘みがより際立ちます。切り干し大根はうまみが流れ出すぎないよう少量の水で戻し、にんじんは大きく切る。食感のバランスもポイントです。

［材料］ 2人分

焼きちくわ（4～5㎝長さの細切り）… 1本

切り干し大根（サッと洗い、水大さじ2をかけて戻す）… 30g

にんじん（1㎝厚さの輪切り）… 1/3本

A 水 … 3/4カップ
酒 … 大さじ1
みりん … 大さじ1/2
しょうゆ … 小さじ1

［作り方］

1 切り干し大根は、食べやすい長さに切る。

2 鍋にちくわ、切り干し大根、にんじん、**A**を加えて強火にかけ、煮立ったらふたをして中火にする。時々混ぜながら、煮汁がほとんどなくなるまで煮る。

焼きちくわとにらのしっとり煮浸し

［材料］ 2人分

焼きちくわ（ごく薄輪切り）… 1本
にら（食べやすい長さに切る）… 1わ
水 … 3/4カップ
A 酒 … 大さじ1
　しょうゆ … 小さじ1

［作り方］

1 鍋にちくわと分量の水を入れて中火にかける。煮立ったら弱火にし、2～3分煮る。

2 **A**とにらを加え、しんなりするまで煮る。

ごく薄ちくわとにらが一体になった、優しい味わいで、煮汁までおいしく食べられます。
合わせる野菜の味で印象が変わりますから、にらの他に、水菜や小松菜などでも作ってみてください。
少し甘い感じが好きな方はキャベツがおすすめです。

薄々が
なじむ〜

ちくわの即席お吸い物

お椀に材料を入れて湯を注ぐだけ！　お弁当と一緒に具だけ持って出かけて、お昼にアツアツのお吸い物を、というのもいいですね。貝割れ大根やごまをプラスしても。

［材料］ 2人分

生ちくわ（ごく薄輪切り）…2本

A 削り節…1袋（3g）
とろろ昆布…ふたつまみ
ねぎ（小口切り）…5cm
梅干し…（小）2個

熱湯…1と1/2カップ

［作り方］

1 器にちくわとAを等分に入れ、熱湯を注ぎ入れる。

5章

揚げると上がる、
ちくわポテンシャル

磯の香りは
ちくわにぴったり
ピリリとしてて
甘酸っぱい！
昆布のうまみ
たっぷり！
丸ごと！
小さめに縦半分に

生ちくわ天ぷら

衣の風味とちくわのうまみのマリアージュが、ちくわ天の醍醐味！
そして、ちくわの切り方によっても、口に入れた時の
〝味わい〟が違ってくるのです。味つけ、切り方をそれぞれ変えた
3種類のちくわ天ぷらを紹介します。ぜひ、違いを楽しんでください。

◎あおさ揚げ

[材 料] 作りやすい分量

生ちくわ（丸ごと）… 2本

A 天ぷら粉 … 大さじ3
　水 … 大さじ2と1/2
　あおさ（粗くつぶす）… 1g

揚げ油 … 適量

◎とろろ昆布揚げ

[材 料] 作りやすい分量

生ちくわ（縦半分、さらに長さを半分に切る）… 2本

A 天ぷら粉 … 大さじ3
　水 … 大さじ2と1/2
　とろろ昆布（細かくちぎる）… 1g

揚げ油 … 適量

◎紅しょうが揚げ

[材 料] 作りやすい分量

生ちくわ（縦半分に切る）… 2本

A 天ぷら粉 … 大さじ3
　水 … 大さじ2と1/2
　紅しょうが（みじん切り）… 大さじ1/2

揚げ油 … 適量

[作 り 方]

1 Aを混ぜ合わせて衣を作り、ちくわをからめる。揚げ油を180℃に熱し、ちくわを入れて転がしながらカリッとするまで揚げる。

カリカリのパン粉衣は、天ぷらとはまた違うおいしさ！
じゃがいも、ミニトマト、うずらの卵と一緒にミックスフライにしました。
かくし味にカレー粉の香りをきかせましょう。
中身は全てそのままでも食べられる状態なので、
揚げる時は表面がこんがりすればOKです。

ちくわミックスフライ

［材料］ 3～4人分

焼きちくわ（6等分の輪切り）… 2本
うずらの卵の水煮 … 6個
ミニトマト … 6個
じゃがいも（ミニトマトと同じ大きさに切る）… 1個
カレー粉 … 小さじ1
A 小麦粉 … 1/2カップ
卵（溶きほぐす）… 1個
牛乳 … 大さじ3
レモン（くし形切り）… 2切れ
小麦粉・パン粉・揚げ油・
好みのソース・マスタード … 各適量

［作り方］

1 じゃがいもは、水とともに鍋に入れ、やわらかくなるまでゆでて水けをきる。ちくわとじゃがいもにカレー粉をまぶす。うずらの卵、ミニトマトに小麦粉適量を薄くまぶす。

2 **A**を混ぜ合わせ、うずらの卵、ミニトマト、じゃがいも、ちくわを入れてからめ、パン粉をまぶす。

3 揚げ油を180℃に熱し、**2**を数回に分けて入れ、表面がこんがりするまで揚げて取り出す。器に盛ってレモンを添え、ソース、マスタードをつけながら食べる。

MIX
FRIES

焼きちくわの変わり衣揚げ

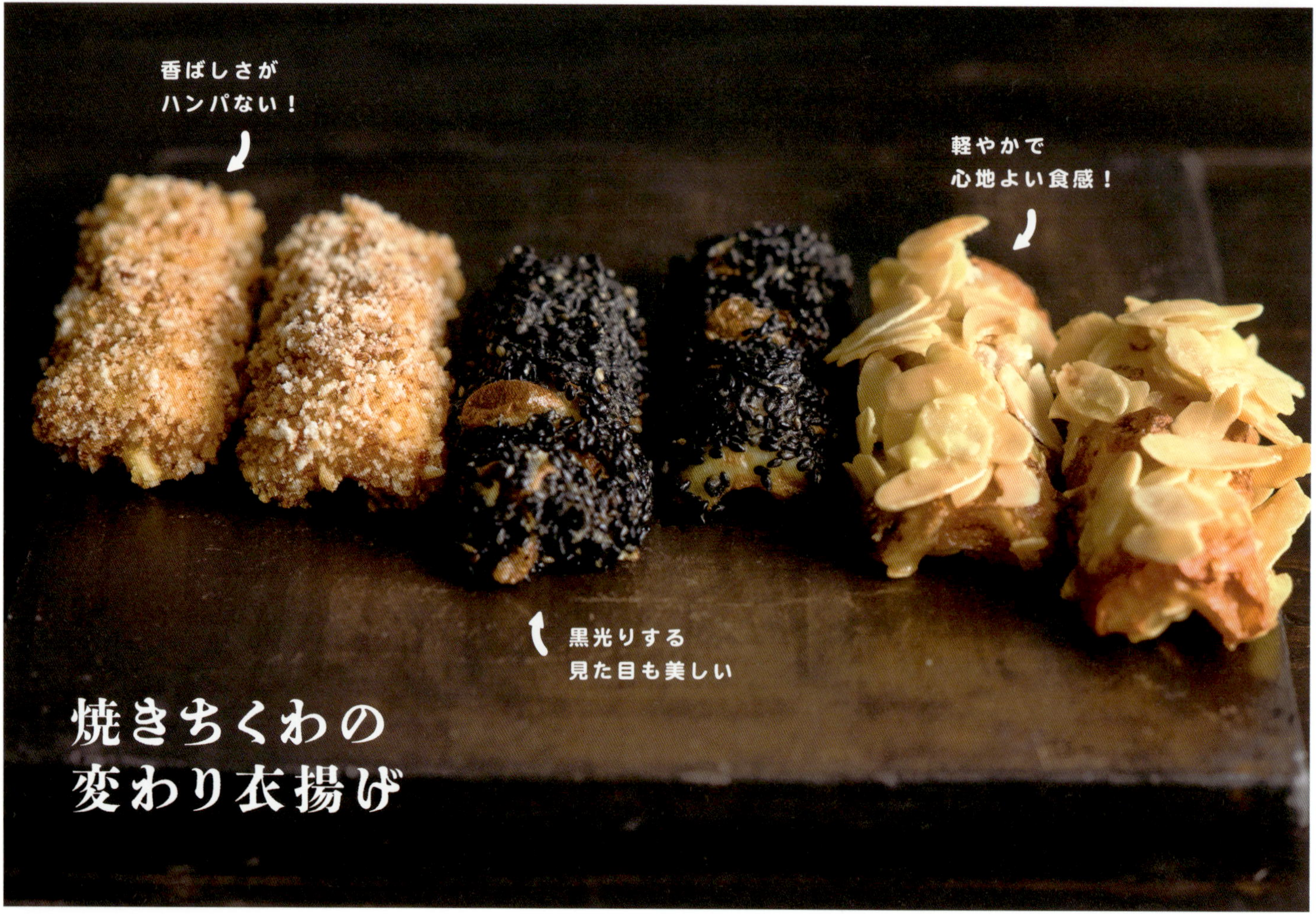
香ばしさがハンパない！
軽やかで心地よい食感！
黒光りする見た目も美しい

◎柿の種揚げ

［ 材 料 ］作りやすい分量

焼きちくわ（縦半分、さらに長さを半分に切る）
…１本
水 … 大さじ２
天ぷら粉 … 大さじ２と1/2
柿の種（細かく砕く）… 30g
揚げ油 … 適量

◎ごま揚げ

［ 材 料 ］作りやすい分量

焼きちくわ（縦半分、さらに長さを半分に切る）
…１本
水 … 大さじ２
天ぷら粉 … 大さじ２と1/2
黒ごま … 大さじ４
揚げ油 … 適量

◎スライスアーモンド揚げ

［ 材 料 ］作りやすい分量

焼きちくわ（縦半分、さらに長さを半分に切る）
…１本
水 … 大さじ２
天ぷら粉 … 大さじ２と1/2
スライスアーモンド … 30g
揚げ油 … 適量

［ 作 り 方 ］

1 ちくわをボウルに入れ、分量の水をからめて５分おく。天ぷら粉を加えてからめる。全体に柿の種もしくはごま、アーモンドをしっかりまぶしつける。

2 揚げ油を180℃に熱し、ちくわを入れて上下を返しながらカリッとするまで揚げる。

変わり衣揚げは、
ぜひ焼きちくわで作って欲しい。
焼きちくわには、カリカリッ、
つぶつぶっといった
存在感のある衣に負けない
食感があるからです。
衣をまぶしてから少しおくと、
はがれにくくなりますよ。
揚げ始めはあまり触らず、
固まってから上下を返しましょう。

ちくわとねぎの春巻き

［材料］ 2人分

生ちくわ … 4本
ねぎ（4cm長さの細切り）… 1/2本
春巻きの皮（15×15cmくらい）…（小）4枚
A 酒 … 大さじ1
　片栗粉 … 大さじ1/2
B 小麦粉・水 … 各大さじ1
揚げ油 … 適量

［作り方］

1 ボウルに**A**を混ぜ合わせ、ちくわをからめる。**B**を混ぜておく。

2 春巻きの皮1枚を、角を手前にして置き、中央にねぎの1/4量とちくわ1本をのせる（写真）。皮の手前を向こう側に折り、左右の皮も折りたたみ、向こう側までくるりと巻いて、巻き終わりを**B**で留める。残りも同様にして4本作る。

3 揚げ油を180℃に熱して**2**を入れ、上下を返しながら3〜4分揚げる。

丸ごとを
ポンと置いて！

ちくわほど、巻きものに適した具はありません。
酒と片栗粉でとろみをつけると、皮とよくなじみます。
揚げれば、皮はサクサク、中はもっちり。
蒸されたねぎの風味が絶妙なアクセントになります。
ちくわの塩けがきいているので、たれなどは添えずにそのままどうぞ。

サクサク

どっちが好き？

焼きちくから揚げ

VS
生ちくフリット
どっちも好き？

焼きちくから揚げ

衣に卵を加えているので、こんがりとしてボリューム感のある揚げ上がり。
ごま油も入っているので、風味もいい！
乱切りの焼きちくわは、肉を思わせるしっかりした食感です。

［材料］ 2人分

焼きちくわ（大きめの乱切り）… 2本

A しょうが（すりおろし）・水 … 各大さじ1

B 卵（溶きほぐす）… 1個
　片栗粉 … 大さじ5
　ごま油 … 大さじ1/2

揚げ油 … 適量

［作り方］

1 ボウルに**A**とちくわを加え、5分ほどおく。**B**を加えて混ぜ合わせる。

2 揚げ油を180℃に熱し、**1**のちくわを衣をしっかりからめながら入れ、上下を返しながらカリッとするまで2～3分ほど揚げる。

生ちくフリット

ベーキングパウダー入りの衣で、カリッと軽い揚げ上がり。
生ちくわのやわらかな弾力との対比がおいしさのポイントです。
長く揚げるとふくらみすぎるので、表面がカリッとしたらひき上げて。

［材料］ 2人分

生ちくわ（2〜3等分長さに切る）… 4本

A 小麦粉 … 1/2カップ
ベーキングパウダー … 小さじ1/2

B 水 … 1/3カップ
粉チーズ・マヨネーズ … 各大さじ1

揚げ油 … 適量

［作り方］

1 ボウルに**A**を入れて泡立て器で混ぜ合わせる。別のボウルに**B**を入れてよく混ぜ、**A**を加えてさらに混ぜる。

2 **1**にちくわを入れてからめる。揚げ油を180℃に熱してちくわを入れ、上下を返しながら2〜3分揚げる。

ちくわ おかかドッグ

ソース味の衣にたっぷりの削り節をつけて、香ばしく揚げます。ちくわの穴にちくわを詰めてしまうという荒業で、棒をしっかり差し込め、がぶりとかじれる〝ドッグ〟になるのです。

[材料] 2人分

生ちくわ … 4本

A 小麦粉 … 大さじ3
　水 … 大さじ1と1/2
　中濃ソース … 大さじ1

削り節 … 3袋（8～9g）

青のり … 少々

揚げ油 … 適量

[作り方]

1 ちくわは、1本は縦3等分に切り、残り3本のちくわの穴に1かけずつ詰め、それぞれ棒を差し込む。**A**を混ぜ合わせてからめ（写真）、削り節をまぶす。

2 揚げ油を180℃に熱して**1**を入れ、転がしながら2～3分揚げる。食べる前に、青のりを散らす。

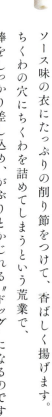

ちくわハットグ

ハットグは、ホットドッグのソーセージの代わりにチーズを入れて揚げる、韓国で人気の屋台おやつ。ちくわの穴にチーズを詰め、ほんのり甘いホットケーキ生地で揚げるとやみつき味に！

［材料］ 2人分

生ちくわ … 4本
さけるチーズ（縦半分にさく）… 2本
A ホットケーキミックス … 100g
　牛乳 … 90mℓ
揚げ油 … 適量

［作り方］

1 ちくわの穴にさけるチーズ1かけずつを詰め、長さを半分に切る。それぞれに竹串（または爪楊枝）を差し込む。**A**を混ぜ合わせる。

2 揚げ油を170℃に熱する。**1**に**A**をたっぷりからめて入れ、転がしながら3～4分揚げる。

ヤンニョム&ハニーマスタードちくわ

[材料] 2人分

焼きちくわ（長めの乱切り）… 3本

A 牛乳 … 1/4カップ
ガーリックパウダー* … 大さじ1/2
ジンジャーパウダー* … 小さじ1

B 小麦粉 … 1/2カップ
韓国産粉唐辛子・粗挽き黒こしょう … 各小さじ1

小麦粉 … 大さじ3

ヤンニョム

トマトケチャップ … 大さじ2
コチュジャン・酢・砂糖 … 各大さじ1
しょうゆ・にんにく（すりおろし）… 各小さじ1

ハニーマスタードソース

はちみつ**・マヨネーズ・イエローマスタード … 各大さじ1

揚げ油 … 適量

*にんにくのすりおろし、しょうがのすりおろし各少々でもよい。
**はちみつを使うソースは、1歳未満の乳児には与えないでください。

韓国料理店や屋台でおなじみのあのチキンを、ちくわで作っちゃいましょう。にんにくとしょうが風味の牛乳にちくわをからめてから、粉をまぶすと、から揚げとは違うおいしさに。コチュジャン入りの甘辛いヤンニョムと、ハニーマスタードソースで召し上がれ！

［作り方］

1 ボウルやバットに**A**を入れ、ちくわをからめて10分おく。別のボウルに**B**を混ぜ合わせておく。

2 **1**に小麦粉を加えてなじむようにしっかり混ぜ、**B**のボウルに加えてまぶし、さらに10分おいてなじませる。

3 揚げ油を180℃に熱して**2**を入れ、上下を返しながら2～3分揚げる。器に盛り、ヤンニョムとハニーマスタードソースをそれぞれ混ぜて添え、かけたりつけたりして食べる。

ちくわよもやま話

地方のいろいろちくわ

地方にはさまざまなご当地ちくわがあります。旅先やアンテナショップで探してみて。

◎野焼きちくわ

トビウオのすりみを使った島根県の名産。昔は野外で焼いたところから「野焼き」と呼ばれる。島根県ではトビウオをアゴと呼ぶことから、「あごちくわ」とも呼ばれる。

「あご野焼き」／（株）出雲国大社食品

◎とうふちくわ

鳥取県の特産品。すりみに豆腐などを加え、蒸して作るので真っ白な仕上がりに。

「とうふ竹輪」／かろや商店

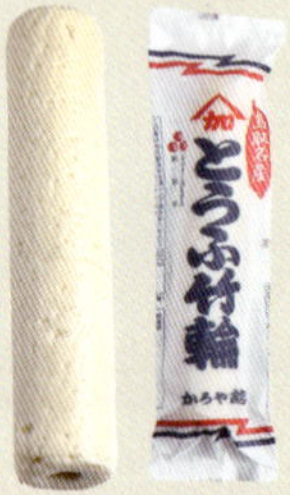

◎竹付きちくわ

徳島県の特産品。青竹にすりみをつけて焼き、竹に付けたまま売られているのが特徴。

「竹ちくわ」／（有）谷ちくわ商店

ちくわを一番食べている県は!?

都市別の消費量で比べると、1位は鳥取市（鳥取県）！　2位は徳島市（徳島県）、松山市（愛媛県）なのだそう。余談ですが、かまぼこの消費量1位は、笹かまぼこで有名な仙台市（宮城県）です。（総務省調べ：2022年）

日本かまぼこ協会HPより

ちくわパンって知ってる？

パンの中にちくわが入っている「ちくわパン」。北海道のパン屋さんで人気になった商品で、北海道のコンビニエンスストア、セイコーマートでも商品化されています。

6章

ちくわで
おなかいっぱい

ちくわときゅうりのちらし寿司

炊飯器でご飯を炊く時に、合わせ酢も加えて一緒に炊く、お手軽寿司飯です。ごく薄輪切りのちくわときゅうりを混ぜると、うまみと風味がなじみます。見た目も愛らしく、華やかな仕上がりに。枝豆は冷凍でもOKです。

［材料］ 3～4人分

生ちくわ（ごく薄輪切り）… 3本
米 … 2合
水 … 360㎖
昆布（5×5㎝）… 1枚
A 酢 … 大さじ4
　砂糖 … 大さじ1
　塩 … 小さじ1/2
きゅうり（ごく薄輪切り）… 1本
ゆで枝豆（さやから出したもの）… 100g
塩 … 小さじ1/5
卵（溶きほぐす）… 2個
B 水 … 大さじ2
　砂糖 … 小さじ1
　塩 … 小さじ1/5
いり金ごま … 大さじ1

［作り方］

1 米は洗ってざるに上げて水けをきり、炊飯器の内釜に入れて、分量の水と昆布を入れて1時間浸水させる。**A**を加えて混ぜ、早炊きモードで炊く。きゅうりは塩をまぶし、しんなりしたら水けを絞る。

2 溶き卵に**B**を混ぜてフライパンに入れ、中火にかける。菜箸で混ぜていり卵を作る。

3 ご飯が炊き上がったらすぐに昆布を取り出す。ちくわ、きゅうり、枝豆は少しずつトッピング用を取り分け、それ以外はご飯に加えて混ぜ合わせる。器に盛り、いり卵と、取り分けておいたちくわ、きゅうり、枝豆、ごまを散らす。

ご飯巻きちくわ

ちくわに具を詰めて焼くから、具だくさん感はあるのに巻くのは簡単！
仕上げにごま油で焼きましょう。
端っこは香ばしく、中のきゅうりや柴漬けはほんのり温か！
この〝温かさ〟がいいのです。きゅうりのまわりのチーズもよくなじみます。

［材料］ 2人分

生ちくわ … 4本
きゅうり（縦4つ割りにしたもの）… 1/4本
柴漬け … 大さじ2
温かいご飯 … 400g
焼きのり（全型を半分に切る）… 4枚
スライスチーズ … 2枚
ごま油 … 大さじ1
塩 … 少々

［作り方］

1 きゅうりは種の部分を切り落として長さを半分に切る。ちくわ2本に、きゅうりを詰め、残りのちくわに柴漬けを詰める。

2 ラップを20×10㎝ほどに切って縦長に置き、のりをのせる。のりの向こう側を2㎝ほど残してご飯を広げ、手前に柴漬け入りちくわを1本のせ、ラップを持ち上げるようにしてくるくると巻く。もう1本も同様に巻く。きゅうり入りちくわを巻く際は、手前にスライスチーズ1枚をのせ、その上にちくわをのせて巻く。

3 フライパンにごま油を中火で熱し、**2**を入れて、転がしながら薄く色づくまで焼く。塩をふって取り出し、食べやすく切って器に盛る。

ちくわは
ご飯と一体化
させて!

ちくわチャーハン

焼きちくわはチャーシュー感覚で使えます。
チャーハンに入れるなら、ちくわの形は見えないほうがいいんです！
細かく刻み、ねぎと一緒に炒めて香りを出して、
ご飯のすみずみにまで潜り込ませると、
いい感じのうま味出しになります。卵もパラリと炒めて。

[材料] 2人分

焼きちくわ（細かいみじん切り）… 1本
ねぎ（みじん切り）… 1/2本
卵（溶きほぐす）… 2個
ご飯 … 400g
油 … 大さじ3
しょうゆ … 小さじ1

[作り方]

1 フライパンに油大さじ2を中火で熱し、溶き卵を流し入れ、大きく混ぜて取り出す。

2 フライパンに残りの油大さじ1を足し、ちくわ、ねぎを入れて炒める。香りが立ったらご飯を加え、卵も戻し入れて炒め合わせる。パラリとしたらしょうゆを加えてサッと混ぜる。

ちくわカルボナーラ

薄い短冊切りのちくわが、パスタによくからまります。
にんにくと一緒に少し色づくまで炒めると、風味が倍増。
卵と粉チーズをたっぷり使って、まろやかでコクのある味になります。
仕上げの黒こしょうはたっぷりふって！

［材料］ 2人分

焼きちくわ（3cm長さの薄切り）… 1本
スパゲッティ … 150g
塩 … 適量
A 卵（溶きほぐす）… 3個
　牛乳 … 大さじ6
　粉チーズ … 大さじ3
オリーブ油 … 大さじ1
にんにく（すりおろし）… 小さじ1
粗挽き黒こしょう … 少々

［作り方］

1 塩を入れた湯（湯1.5ℓに塩大さじ1）で、スパゲッティを袋の表示時間通より1分短くゆでる。**A**は混ぜておく。

2 フライパンにオリーブ油、にんにくを入れて中火にかける。香りが立ったらちくわを加え、薄く色づくまで炒める。

3 フライパンにゆでて湯をきったスパゲッティと**A**を加えて混ぜ、弱火にして、卵がトロリとするまで炒める。器に盛り、黒こしょうをふる。

藤井 恵　ふじい めぐみ

料理研究家、管理栄養士。わかりやすく再現性の高いレシピ作りに定評があり、テレビや雑誌、書籍などで活躍中。著書に『からだ思いの藤井弁当 ワンパターンで健康的！』(Gakken)、『働きながら家族のごはんを作るために～わたしが伝えたい12の話』（大和書房）、『からだ整えおにぎりとみそ汁』（主婦と生活社）などヒット作多数。
Instagram:@fujii_megumi_1966

STAFF

ブックデザイン　高橋朱里（マルサンカク）
撮影　鈴木泰介
スタイリング　阿部まゆこ
イラスト　間芝勇輔
編集　岡村理恵

協力
株式会社紀文食品
https://www.kibun.co.jp

ちくわの可能性《かのうせい》をお伝《つた》えしたい
ちくわファンクラブ

2025年5月11日　発　行　　NDC596

著　者　藤井《ふじい》 恵《めぐみ》
発行者　小川雄一
発行所　株式会社 誠文堂新光社
〒113-0033 東京都文京区本郷3-3-11
https://www.seibundo-shinkosha.net/
印刷所　株式会社 大熊整美堂
製本所　和光堂 株式会社

ISBN978-4-416-52486-2